Die Zauberwelt der Elfen & Feen

Illustrationen von
Ida Rentoul Outhwaite

Eulen Verlag

Inhalt

Was ist eine Fee?	6
Glaube an Feen	8
Heinzelmännchen	10
Elfen & Kobolde	12
Irrlichter	15
Gänseblümchen: FRANK DEMPSTER SHERMAN	17
Zwerge, Gnome und Trolle	18
Menschenraub	21
Wechselbälger	24

Markt der Trolle [Auszug]: Christina Rossetti 27

Die Lady von Llyn y Fan Fach 30

Königin Mab: Thomas Hood 32

Patentanten 35

Von den Feen: Jean Ingelow 36

Feen und Tiere 38

Regenbogen-Feen 41

„Kraut und Kappe" 42

Feen: Sybil Morford 44

Feenbäume 46

Meerjungfrauen & Nixen 49

Suchst du den Weg ins Feenreich?:
Ernest Thompson Seton 50

Tam Lin 53

Wo wohnen denn die Feen im Winter?
Thomas Haynes Bayly 56

Feen sehen 58

Ich glaub' an Feen: Felicia D. Browne-Hemans 60

Anleitung, um Feen zu sehen 62

Was ist eine Fee?

Feen verzaubern uns seit Hunderten von Jahren in ihren Geschichten. Sie können schön, groß und freundlich sein wie die persischen Peris in „Tausendundeine Nacht" oder kleine, schelmische Kobolde, Heinzelmännchen und Trolle. Geschichten aus ganz Europa werden von diesen zauberhaften Wesen belebt.

Tinkerbell aus „Peter Pan und Wendy" hat viele Vorfahren. Für William Shakespeare war Mab, die Königin der Feen, so klein und strahlend wie ein Edelstein in einem Ring. Sicher ist jedenfalls, dass die Menschen seit mindestens 400 Jahren an diese winzigen Wesen glauben.

In Frankreich erschienen die ersten Feengeschichten um 1780, und auch viele unserer Feenmärchen wie „Aschenputtel" oder „Dornröschen" stammen aus dieser Zeit. Sie erzählen von überirdischen Wesen, von hübschen, jungen Nymphen ebenso wie von hässlichen, reizbaren Hexen.

Die Feen verhalten sich in jeder Geschichte anders. Mal helfen sie einer unglücklichen Prinzessin, mal bestrafen sie unartige Kinder und belohnen die artigen. Aber manchmal sind sie auch gefährlich, wenn Menschen ihren Weg kreuzen. Entdecken Sie selbst...

Glaube an Feen

Glaube an Feen
Sie machen Träume wahr.
Glaube an Wunder,
den Mond und die Sterne klar.
Glaub an den Zauber
Der Feen der Lüfte.
Sie tanzen auf und nieder
Und singen Liebeslieder.
Und wenn du nur glaubst
Und in der Wahrheit bleibst,
Hörst du die Feen lachen,
die über dich wachen!

Heinzelmännchen

Heinzelmännchen werden meist als kleine, spärlich bekleidete Wesen beschrieben, die einem Hof oder einer Familie treu bleiben. Sehen kann man sie nur, wenn sie es wollen. Sie hüten das Vieh, putzen das Haus und sorgen für das Wohlergehen von Mensch und Hof.

Leider können Heinzelmännchen manchmal böse und zu einer wahren Plage werden. Dann stampfen sie die Butter so lange, bis sie schlecht ist, lassen das Vieh frei, werfen Vogelnester in den Kamin, damit der Ofen in der Küche qualmt und das Essen nicht gar wird. So nützlich wie sie vorher waren, so unangenehm und zerstörerisch können sie dann sein.

Von einem Bauern wird erzählt, ein böses Heinzelmännchen habe ihn derart gequält, dass er entschied, seinen Hof zu verlassen. Er packte sein Hab und Gut auf Fuhrwerke und wollte gerade losfahren, als sein Nachbar kam.

„Ergreifst du die Flucht?" fragte er.

„Jau" sagte der Bauer.

„Jau" rief das Heinzelmännchen aus einem Schrank. „Wir hauen ab".

„Was?" empörte sich der Bauer. „Wenn du mitkommst, kann ich gleich hier bleiben!"

Die Geschichte erzählt nicht, ob dieses Heinzelmännchen danach wieder artig war. Vielleicht lockte der Bauer es in einen „Hinterhalt".

Das geht ganz einfach, indem man ihm Kleidung hinlegt. Sobald es diese anzieht, ist es frei und nicht mehr an einen Hof oder an eine Familie gebunden.

Elfen und Kobolde

Geschichten über Elfen finden wir in ganz Europa. In Skandinavien gab es „Helle Elfen", die auf der Erde lebten, und „Dunkle Elfen" unter der Erde, die nur nachts herauskamen. Dunkle Elfen waren unfreundlich, aber Helle Elfen gesellten sich unter Menschen und heirateten sie sogar manchmal. Man konnte sie nur an ihren Schwänzen erkennen.

In einer Geschichte erfahren wir von einem Mann, der mit einem Hellen Elfenmädchen tanzte, als er den Schwanz unter ihrem Kleid entdeckte. Er wollte sie nicht in Verlegenheit bringen und flüsterte ihr ins Ohr. „Verzeihen Sie, mein Fräulein. Ihr Strumpfband rutscht." Aus Dankbarkeit für seine Rücksichtnahme segnete sie ihn und er hatte sein ganzes Leben lang Glück.

Kobolde waren die Elfen des Westens. In Cornwall, erzählt man, hatten sie rote Haare, nach oben gebogene Nasen, und sie waren grün gekleidet. Bösen Menschen gegenüber konnten sie sehr grausam sein. Man hörte oft davon, dass sie solche Leute ins Moor führten oder ihnen üble Streiche spielten.

Manchmal sollen Kobolde sich sogar Pferde ausgeliehen haben. Auf einem einzigen konnten etwa zwanzig von ihnen Platz finden. Wenn man morgens ein schwitzendes Pferd im Stall fand, wusste man, dass es von Kobolden geritten worden war.

Irrlichter

Vielerorts in Europa gibt es Geschichten von hinterlistigen Kobolden, die harmlose Reisende aus Spaß oder aus einem düsteren Motiv heraus fort vom sicheren Weg in Sümpfe oder andere Gefahren lockten.

Man sagt, dass ein Irrlicht die Seele eines bösen Menschen sei, die weder in den Himmel noch in die Hölle aufgenommen wird. Sie ist dazu verdammt, als Kobold über die Erde zu wandern und trägt nur ein Stück glühende Kohle mit sich, um sich wärmen zu können. Aus Rache lockt das Irrlicht arglose Reisende, die glauben, dem Licht eines Hauses zu folgen, in ihr nasses Grab.

Auch Robin Goodfellow aus Shakespeares „Sommernachtstraum", bekannt als Puck oder Droll, ist ein solcher Verführer, wenn auch mehr ein Spaßvogel, der seine Opfer nicht in Gefahr bringt.

In Cornwall erzählt man sich von Kobolden, die Menschen in die Irre geführt haben sollen, indem sie sie in eine Nebelwolke hüllten. Sie sollen die Orientierung verloren und endlos im Kreis herum gelaufen sein.

Um jemanden zu retten, der so verwirrt wurde, reicht es manchmal, eisenbeschlagene Schuhe zu tragen, Salz in der Tasche zu haben (Eisen und Salz brechen die Zauberkraft), zu pfeifen oder einfach nur den Mantel auf links zu drehen – der Nebel verschwindet sofort.

Gänseblümchen

Abends, wenn ich schlafen geh',
ich sie oben strahlen seh':
Wie Gänseblümchen aus der Ferne
Auf Himmels Wiese leuchten Sterne.

Und wenn ich dann am Fenster träume,
Schwebt hold die Mondfrau durch die Bäume.
Die Mondendame, mild und schön,
Will alle Blümchen pflücken geh'n.

Und bin ich morgens dann erwacht,
Ist kein Stern übrig von der Nacht.
Die Mondenfrau bückt' sich zu allen
Sie ließ sie auf die Wiesen fallen.

FRANK DEMPSTER SHERMAN

Zwerge und Gnome

Zwerge finden wir in Geschichten aus Deutschland oder der Schweiz. Sie sind klein, nur etwa einen Meter groß, und man kann sie an ihren langen Bärten erkennen. Sie arbeiten in Bergwerken, wo sie nach Edelsteinen und kostbaren Metallen graben. Zwerge können äußerst geschickt mit Metall umgehen und machen daraus wunderschöne Dinge, die oft Zauberkräfte besitzen. Sie leben in Höhlen oder Erdlöchern und können Menschen gegenüber feindlich gesinnt sein. Manchmal helfen sie ihnen aber bei kleinen Aufgaben. Man sagt ihnen jedoch nach, dass sie Babys und kleine Kinder stehlen und dafür Wechselbälger (siehe S.24) zurücklassen.

Gnome sind kleine, missgestaltete, zwergähnliche Kreaturen, die unter der Erde ihre Schätze hüten. Sie bewegen sich unter der Erde ebenso leicht wie die Menschen auf ihr und vertragen keinerlei Sonnenlicht. Ein einziger Strahl würde sie zu Stein verwandeln. Gnome meiden Menschen. Nur

Bergleute hören sie manchmal tief unten in den Minen klopfen. Ihre aus Südfrankreich stammenden Geschichten verbreiteten sich schnell über ganz Europa. Gnome wohnen meist in Höhlen oder zwischen den Wurzeln alter Bäume, bleiben aber nie lange an einem Ort. Sie sind eine etwas groteske, meist schelmische Art von Zwergen, die manchmal den Menschen übel mitspielen oder sogar schaden können, indem sie Dinge verstecken, Milchkübel umstoßen und Straßenschilder umdrehen.

Menschenraub

Unser Wissen über Feen scheint größtenteils von Menschen zu stammen, die die Welt der Feen besucht haben. Dazu kommt es entweder, wenn jemand dorthin eingeladen wird oder wenn jemand ein Feengesetz bricht und entführt wird. Wer es geschafft hat, aus dem Reich der Feen zu fliehen, braucht Jahre, um sich davon zu erholen, und stirbt meist früh.

Feen stehlen besonders gern neugeborene Babys und hübsche junge Männer und Frauen, die gut singen und musizieren können. Man erzählt sich, dass stillende Mütter entführt werden, um Feenkindern als Ammen zu dienen.

Es gibt jedoch Möglichkeiten, jemanden aus dem Feenreich zu befreien. Eine wird in der „Ballade von Tam Lin" (siehe Seite 52) beschrieben. Eine andere finden wir in der Geschichte vom Schmied, der in Schottland seinen Sohn vor den Feen rettete:

Es war einmal ein Schmied, der nur einen Sohn hatte. Als dieser Junge etwa 14 Jahre alt war, trieb er sich auf einem Feenhügel herum und wurde von den Feen gefangen genommen. Statt seiner schickten sie seinem Vater einen Wechselbalg (siehe Seite 24). Der Schmied erkannte den Betrug und schickte den Balg zurück. Trotzdem ließen die Feen seinen Sohn nicht wieder frei, so dass der Schmied entschied, ihn selbst zurückzuholen.

Er ging zu einem weisen Mann, der viel über Feen und deren Gewohnheiten wusste. Der Mann erzählte dem Schmied, was er tun konnte, er müsse aber bis zur Walpurgisnacht (1. Mai) warten, denn erst dann würde sich der Feenhügel wieder öffnen. Der Schmied tat wie ihm geheißen.

Am Abend der Walpugisnacht legte er sich mit seiner Bibel, einem Messer aus Eisen und einem Hahn im Sack am Feenhügel auf die Lauer. Um Mitternacht tat sich der Hügel auf. Helles Licht schien heraus, man hörte Musik und Lachen.

Schnell steckte der Schmied das Messer seitlich in die Felsspalte und zog den Hahn aus dem Sack, der in dem hellen Licht dachte, es sei Morgen, und laut zu krähen begann. Sofort fing der Hügel an, sich zu schließen, aber das Messer hinderte ihn daran. Durch die Öffnung hörte man Schreien und Rufen. Dann kamen die Feen heraus, um ihr Königreich gegen den Angreifer zu verteidigen. Sie fielen über den Schmied her, der den Rat des weisen Mannes befolgte und sich die Bibel schützend über den Kopf hielt. Da ließen die Feen von ihm ab.

„Ich will nur meinen Sohn!" rief er. „Gebt ihn mir zurück, und ich entferne sofort das Messer."

„Bringt den Jungen her!" riefen die Feen, und sofort lag der bewusstlose Junge vor ihm im Gras. Der Schmied zog sein Messer aus dem Spalt im Hügel, der sich sofort schloss, hob seinen Sohn auf und trug ihn nach Hause.

Am nächsten Tag ließ er das bewusstlose Kind vom Pfarrer mit Weihwasser besprengen. Der Junge öffnete die Augen und umarmte freudestrahlend seinen Vater. Glücklicherweise musste er nicht mehr unter seinen Erlebnissen leiden. Außerdem hatte er bei den Feen viel über das Schmiedehandwerk gelernt und wurde der beste Schmied in Schottland.

Wechselbälger

Wechselbälger sind Wesen, die von den Feen als Ersatz zurückgelassen werden, wenn sie ein Kind stehlen, um die Eltern in dem Glauben zu wiegen, dass sie ihr Kind nicht verloren haben. Ein Wechselbalg kann aus Holz geschnitzt oder auch ein Feenkind sein.

Eine Geschichte erzählt von einer Mutter, die bitterlich weinte, weil ihr Kind durch einen Wechselbalg ersetzt worden war. Plötzlich flog die Tür auf, eine fremde Frau kam herein und riss den Wechselbalg aus der Wiege.

„Sie haben dein Kind für mich gestohlen", sagte sie, „aber ich will meinen eigenen Sohn zurück!" Als sie wieder fort war, hörte die Mutter ein Baby schreien und fand ihr eigenes Kind gesund und munter vor dem Haus liegen.

Manchmal ersetzt eine sehr alte Fee ein Kind durch einen Wechselbalg. In einem solchen Fall muss die Mutter anfangen, in 24 Eierschalen auf dem Herd Bier zu brauen. Das Balg würde dann erklären: „Ich lernte von meinem Vater und er von dem seinen, dass die Eiche eine Eichel braucht, um aus ihr zu wachsen, aber ich habe noch nie gehört, dass man Bier in Eierschalen braut!"

Dann wusste die Mutter, dass sie einen Wechselbalg hatte, und erhitzte eine Schaufel im Feuer, bis sie glühte. Sie hielt das fremde Kind darüber und ließ es fallen. Der Wechselbalg flog durch den Kamin davon, und das eigene Kind kehrte gesund zurück.

Markt der Trolle
[Auszug]

Drunten in der feuchten Enge
Trolle wanderten die Menge
Und ihr Marktruf hallt durchs Tal
„Sehet, kaufet nur einmal!"
Als Laura sie fanden,
Ganz stille sie standen
Und schielten sich an
Troll zu Troll-Mann.
Einer setzt' den Korb zur Rechten
Einer hub an, den Kranz zu flechten
Aus Ranken, Blättern, Nüssen schön
(wie nie im Menschenreich zu sehn).
Einer erhob die große Schale
Voll reifer Früchte aus dem Tale.
Und alle riefen. „Sehet, kaufet,
bleibet hier, nach Haus' nicht laufet!"
Laura stand ganz regungslos
In dem feuchten Zaubermoos.
Ach, wenn sie doch nur Geld besessen,
wie gerne hätte sie gegessen!
Der mit dem buschigen Schweif
Lobte sein Obst so reif
Der mit dem Katzenbart schnurrte,
Der Rattengesichtige knurrte
Und der mit dem Schlangenschritt
lächelte mit.

Schleckermäulchen Laura sprach:
„Gute Leute, weh und ach!
Meine Taschen sind ganz leer,
kein Kupferpfennig drinnen mehr.
Auch Silber ist mir nicht zu eigen,
Gold könnt' ich nur am Ginster zeigen,
der schwankend gelinde
blühet im Winde!"
„Das schönste Gold trägst du bei dir!"
gemeinsam rufen sie zu ihr.
„Nur eine Locke goldnes Haar,
und alle Früchte wunderbar,
sind dein, soviel du willst,
dass du deinen Hunger stillst."
Flugs trennt' sie eine Locke ab
Noch eine Träne dazu sie gab
Und, labend sich am Übermaß
Der Früchte, alles sonst vergaß.
Laura aß und sog und leckte,
Besseres sie niemals schmeckte!
Süßer als Honig, stärker als Wein,
wie konnt' es je genug ihr sein?
Sie aß der Früchte Vielfalt bunt,
bis ihre Lippen rau und wund.
Schalen warf sie ins Grün hinein,
behielt sich nur ein Kernlein klein,
verließ allein den Ort der Wonne,
nicht achtend Mondenschein noch Sonne.

Lizzie, die schon steht am Tor,
warf ihr großen Leichtsinn vor:
„Du solltest nicht so spät erst kommen,
Mädchen wird nie das Zwielicht frommen!
Du solltest nie durch Schluchten schweifen,
in denen jagend Trolle streifen!
Weißt du nicht mehr, im letzten Jahr,
wie Jeannie ganz verzaubert war?
Trolle da im Mondenschein,
luden sie zum Schmausen ein,
sie aß die Früchte, trug den Kranz,
im hellen goldnen Sommerglanz.
Doch alsbald siechte sie dahin
Hatte die Trolle nur im Sinn,
konnt' ihre Früchte nicht mehr finden
und fing an, voller Weh zu schwinden.
Sie wurde blass und immer grauer,
fiel mit dem ersten Winterschauer.
Auf ihrem Grab, von Tränen nass,
wächst bis zum heut'gen Tag kein Gras.
Ich pflanzte Blumen dort für sie,
sie blühten nie.
Du solltest dort nicht schweifen, wo Trolle
jagend streifen!"

CHRISTINA ROSSETTI

Die Lady von Llan y Fan Fach

Es war einmal ein Bauer in Wales, der sein Vieh an den Ufern des Sees Fan Fach grasen ließ. Eines Tages sah er eine schöne Frau auf dem Wasser sitzen, die ihr langes goldenes Haar kämmte. Er verliebte sich sofort in sie. Ihr Vater war mit der Heirat erst einverstanden, nachdem der Bauer sie allein an der Art, wie sie ihre Sandalen gebunden hatte, unter all ihren Schwestern erkannt hatte. Ihre Mitgift bestand aus einer Herde Kühe, die dreimal soviel Milch gaben wie normale Kühe. Doch ihr Vater warnte ihn: Sie würde ihn sofort wieder verlassen, wenn er sie dreimal schlagen würde.

Sie waren viele Jahre lang glücklich und hatten drei Söhne, aber manchmal benahm sich seine Frau seltsam. Sie weinte bei Hochzeiten und lachte bei Beerdigungen. Bei drei dieser Anlässe klopfte ihr Mann ihr deswegen auf die Schulter. Beim dritten Mal weinte sie bitterlich und verschwand mit ihren Kühen und deren Nachkommen im See.

Sie kehrte nie wieder zu ihrem Mann zurück, besuchte jedoch manchmal ihre Söhne. Sie lehrte sie die Heilkunde, so dass sie erfolgreiche Ärzte wurden, die man ganzen Land rühmte.

In anderen Fassungen dieser Geschichte versteckt der Mann das Schwanenfederkleid oder die Seehundhaut seiner Frau, die dann so lange unter den Menschen bleiben muss, bis sie ihr Kleid findet und darin in ihre Welt zurückkehren kann.

Königin Mab

Mit braunem Haar, die Augen blau,
kommt nachts die kleine Fee.
Die Flügel voller Silbertupfen,
Schwebt sie vom Mond herab wie Tau.

Legt sich ein braves Kind zur Ruh,
nimmt sie den kleinen Silberstab,
von rechts nach links und um die Locken
schwingt sie ihn lächelnd dann im Nu.

Das Kind träumt nun so wunderschön
von Bäumen voller Kostbarkeiten,
die bieten ihm die Früchte dar,
und es darf Fische tanzen sehn.

Und Zaubervögel singen hier,
Erzählen Märchen ohne End.
In Elfenhügeln, Tälern weit,
geführt von Zwergen und Getier.

Doch wenn ein schlimmes Kind schläft ein,
schwingt Feenhand von links nach rechts,
und all die dunkle Nacht hindurch
hat es nur Träume voller Pein!

Es meint im Wasser zu ersticken,
In Flammenhöllen muss es darben,
gräuliche Drachen flattern nieder,
und Schlangen kriechen über Brücken.

Das schlimme Kind erwacht mit Tränen
Und wartet auf des Morgens Schein.
Das brave Kind liebt Nacht wie Tag,
muss sich nicht nach der Sonne sehnen.

THOMAS HOOD

Patentanten

Als Patentanten traten die Feen zuerst im Frankreich des 18. Jahrhunderts auf. Bis dahin hatten Feen in ganz Europa den Menschen geholfen, die freundlich, großzügig, sauber und ordentlich waren, hatten sich aber immer nur eingemischt, wenn die Menschen durch ihr Königreich stolperten.

In Frankreich schienen die Feen entschieden zu haben, sich als Paten um das Leben ihrer Patenkinder zu kümmern. In „Die Schöne und das Biest" zum Beispiel wird der Prinz von seiner Patin wegen seiner Selbstsucht und Wutausbrüche in eine Bestie verwandelt. Manchmal nimmt eine Fee ihr Patenkind seinen dummen oder grausamen Eltern weg, um es in ihrem Palast aufzuziehen.

Dennoch scheinen Feen als Patinnen nie da zu sein, wenn sie wirklich gebraucht werden. Aschenbrödels Patin taucht erst auf, nachdem die Stiefmutter sie zu einer Magd gemacht hatte, und die sieben Patinnen von Dornröschen konnten sie auch nicht davor schützen, sich den Finger an der Spindel zu verletzen. Eine Fee als Patin zu haben, war also nicht immer von Vorteil!

Übrigens gab es nie Patenonkel bei den Feen! Wenn ein Prinz einen bekam, dann war das immer ein mächtiger Zauberer aus dem Menschenreich.

Von den Feen

Sag, wo die Glockenblumen sind,
die lieblich in den Wäldern blühten?
Je eine stahl ein Feenkind,
sie nahmen sie zu Hüten.

Wo sind die schönen Halme hin,
die schlank im Wind sich wiegten?
Sie steh'n im Feengarten drin
Als Bäume, die sie liebten.

Wo sind die schillernden Libellen,
einst emsig stolz über dem Teich?
Die Feen reiten auf den Schnellen
Und zieren sie mit Zaumzeug reich.

Heimchen? Darf ihnen Lieder singen.
Glühwürmchen? Glüh'n in Feenhallen.
Die Blätter der Rosen als Wandschmuck gefallen,
Wo jede Nacht im Tanze sie schwingen.

Ist dann der sanfte Frühling gekommen
Und regnet das frische Grün wieder nass,
Bringen die Feen, was sie genommen,
dies alles und sonst noch was.

JEAN INGELOW

Feen und Tiere

Feen haben viele verschiedene Tiere und Vögel, die ihnen als Boten und Helfer dienen. Wir hören von Schmetterlingen, die ihre Wagen ziehen, von Tauben, Pfauen, Libellen und vielen anderen. Böse Patinnen jedoch bedienen sich geflügelter Schlangen, Drachen und anderer gefährlicher Tiere.

Feen bestrafen Menschen gerne, indem sie sie in Tiere verwandeln. Ein Prinz wurde in einen Frosch verwandelt, nur damit er durch den Kuss einer Prinzessin erlöst werden konnte. Ein garstiges, undankbares Mädchen wurde so verzaubert, dass ihr bei jedem Wort Kröten und Schlangen aus dem Mund kamen. In einer anderen Geschichte wird ein Fluss verzaubert, damit jeder, der daraus trinkt, in ein Reh oder einen Hirschen verwandelt wird. Manche Tiere gehören selbst ins Königreich der Feen, wie zum Beispiel das ihnen heilige Pferd, von den Kelten auch Kelpie genannt. Als kleines niedliches Fohlen zeigt es sich gern Kindern, die an einem See oder Fluss spielen. Wenn sie versuchen auf ihm zu reiten, dann wird es so lang, dass alle

Kinder aufsitzen können. Dann galoppiert es in den Fluss und verschwindet unter Wasser. Wenn die Kinder absteigen wollen, merken sie, dass sie auf dem Pferderücken festkleben. Viele Menschen glauben, dass das Kelpie seine Gefangenen frisst.

Feen züchten auch Jagdhunde. Man erkennt sie daran, dass sie ganz weiß sind und rote Ohren haben. Einst gaben die Feen ein solches Hundepaar einem von ihnen hochgeschätzten Menschen. Unsere Vorfahren priesen diese Hunde als Geschenk der Feen, denn sie waren die besten Jagdhunde und führten die Rudel an.

Regenbogen-Feen

Zwei kleine Sommerwolken zogen
Eilig den Himmel entlang.
Als rücklings sie aneinandergeflogen,
Fingen zu weinen sie an.

Großmutter Sonne schaut' herunter,
Tröstet der Wolkenkinder Schmerz:
„Ich schick' mein Feenvölkchen munter,
sie trocknen Tränen, freu'n das Herz!"

Die Sonnenfeen kamen heiter,
und kunterbunt, schön anzuseh'n.
Indigo, Blau, Grün, Gelb und weiter
orange und rot die Röckchen weh'n.

Den Wölkchen trockneten sie Tränen
Und hängten dann mit heiterm Sinn
An eine Schnur aus Sonnenstrahlen
Die Röckchen bunt zum Trocknen hin.

„Kraut und Kappe"

Auch wenn sie oft mit Flügeln dargestellt werden, so können Feen doch nicht gut fliegen. Sie reiten lieber auf Kreuzkrautstängeln, denen sie nur die Worte „Kraut und Kappe" zuzurufen brauchen, und schon fangen sie an zu fliegen.

Eines Abends ging der Herr von Duffus, einem Gut, das östlich von Inverness in Schottland liegt, über seine Felder, als er eine große Staubwolke auf sich zukommen sah. Während sie vorbeizog, hörte er eine Stimme in ihr „Kraut und Kappe!" rufen. Mutig wiederholte er die Worte. Sofort wurde er in die Wolke hochgerissen und wirbelte mit einem ganzen Schwarm von Feen davon.

Als sie zum Stehen kamen, erklärte ihm eine Fee: „Wir sind im Weinkeller des Königs von Frankreich. Nimm diesen Becher, und mach' unsere Weinprobe mit." Der Gutsherr folgte gern, aber er trank so viel, dass er hinter einem Weinfass einschlief und von den Feen zurückgelassen wurde.

Am Morgen wurde er von königlichen Dienern geweckt und zum König von Frankreich gebracht. Der bat ihn um eine Erklärung, und der Gutsherr erzählte ihm seine Geschichte. Er zeigte ihm auch den goldenen Becher, den er immer noch in der Hand hielt. Er war eine so wunderliche Handarbeit, dass der König ihm glaubte und ihm vergab. Schließlich kehrte der Gutsherr nach Hause zurück. Der Becher wurde ein kostbares Familienerbstück.

Feen

Hast du je des Nachts erlauschet
Feenschusters leichten Schritt,
Wenn der Mond sein helles Licht
mit der Zweige Schatten tauschet?
Sahst du je die Trolle hocken
in dem Boot aus Wasserlilien,
wie sie über hohe Klippen
sanft und sicher abwärts kippen?

Sahst du je die Trolle schlummern
unter großer Pilze Schatten?
Hörtest du die Feenbäche
plätschern leis durch Wiesenmatten?
Kennst du auch die Spinnennetze
deren Silberfäden glitzern,
um der Blumen nickend Köpfe
voller Tau wie Silberschätze?

Willst du Feen wirklich sehen,
musst du sie des Nachts besuchen,
wenn die Silbersterne gleißen
und im Mondlicht Blätter wehen.
Schleichst du dann auf leisen Sohlen,
siehst du Feenmänner tanzen.
Lachend läuten Glockenblumen,
Wenn der Mond die Schlucht erhellt.

SYBIL MORFORD

Feenbäume

Manche Bäume sind eng mit der Welt der Feen verbunden. In Irland weiß man, dass ein einzelner Weißdorn oder ein Ring aus diesen Bäumen den Eingang zu einem „hohlen" Hügel markiert, unter dem in herrlichen Palästen die Feen, Sidhe genannt („Schie" gesprochen) leben. Doch wehe den Menschen, die unter einem solchen Weißdorn einschliefen oder die Früchte der verzauberten Obstgärten in diesen Hügeln aßen! Sie gerieten in die Gewalt der Feen und konnten mindestens sieben Jahre lang nicht zu ihren Familien zurückkehren.

Manche Menschen glaubten, dass sie unter Holunderbäumen bei guten Elfen Schutz vor bösen Geistern und Hexen fänden. Diese Bäume wurden von den Feen auch vor menschlichen Angriffen geschützt. Es brachte Unglück, wenn man einen Zweig vom Holunder abbrach, ohne die Feen vorher um Erlaubnis gefragt zu haben.

Von Weiden glaubte man hingegen, dass sie von unfreundlichen Geistern bewohnt waren. Man erzählte sich von Weiden, die sich nachts selbst entwurzelten und an Flussufern nach späten Reisenden suchten. Wenige entkamen ihnen und zweifelten nicht an ihren mörderischen Absichten....

Auch war es gefährlich, unter einem Apfelbaum einzuschlafen. Von Lancelot, einem der Ritter des Königs Artus, weiß man, dass er auf diese Weise in die Klauen der Hexe Morgan Le Fay geriet. Er entkam ihr nur durch die Hilfe einer ihrer Hofdamen, die sich in den Ritter verliebt hatte.

Meerjungfrauen und Nixen

Die berühmteste Meerjungfrau war die Loreley. Sie saß auf einem Felsen am Rhein und mit ihrer Schönheit und dem unwiderstehlichen Zauber ihres Liedes lockte sie junge Männer in die Stromschnellen zu Füßen ihres Felsens und damit in den sicheren Tod. Als der Sohn eines Pfalzgrafen ihr bei dem Versuch, sie zu fangen, zum Opfer fiel, schwor ihr der Graf Rache.

Er sandte seine vier besten Soldaten aus, um sie zu töten. Um sich vor ihrem Lied zu schützen, versiegelten sie die Ohren mit Wachs, bevor sie den Felsen hinaufkletterten. Als Loreley ihre Absicht erkannte, warf sie die Perlen aus ihrem Haar in den Fluss und bat ihren Vater, den Rhein, sie zu retten. Da rauschte eine riesige Welle den Fluss herunter und trug sie davon.

Die Sodaten sahen zu und berichteten dem Grafen, was passiert war. Loreley wurde nie wieder gesehen, aber ihr Felsen steht immer noch nördlich von Koblenz am Rhein.

Streng genommen war die Loreley eine Nixe oder Wassernymphe und keine Meerjungfrau. Meerjungfrauen leben im Meer und sollen einsame Seeleute auf ihrer Suche nach Gesellschaft in den Tod locken. Wassermänner leben in den Tiefen der Meere und versenken mit ihren Stürmen ganze Schiffe, aber sie kommen nur selten an Land.

Suchst du den Weg ins Feenreich?

Suchst du den Weg ins Feenreich ...
Ganz einfach. Gibt gut acht:
Du wartest, bis ein gelber Mond
Schwebt überm Wasser in der Nacht.
Er baut dir einen lichten Pfad
Funkelnd, wie er's oft gemacht.
Und wenn dann nicht aus Bosheit nur
Dich hindert eine böse Macht
Und du den rechten Spruch auch kennst
Und sprichst die Zauberworte sacht,
Trägt Fallschirm dich des Löwenzahns
So wie ein Schiffchen wohlbedacht.
Du segelst auf des Mondes Spur,
Bis dir das Feenreich dann lacht.

ERNEST THOMPSON SETON

Tam Lin

Die „Ballade von Tam Lin" gehört zu den bekanntesten Feengeschichten der Britischen Inseln. Sie beginnt damit, dass der König von Schottland die Damen seines Hofes davor warnt, in den Wald von Carterhaugh zu gehen, weil dort der junge Tam Lin spuke und von jeder Jungfer ein Pfand verlange.

Janet, des Königs einzige Tochter, missachtet jedoch die Warnungen ihres Vaters. Sie reitet zum Brunnen, der mitten im verbotenen Wald liegt und pflückt eine Rose. Tam Lin erscheint, liebt sie, und sie wird schwanger.

Zurück am Hofe ihres Vaters sieht man bald, was passiert ist. Als der König fragt, wer der Vater sei, antwortet Janet nur, dass er nicht dem Hof angehöre und kein sterblicher Mann sei:

Vater, ich sag zu deinem Fragen:
Dies Kind ist mein ohn' alles Zagen.
Keiner der Ritter deines Reiches
Wird je des Sprosses Namen tragen
Ach, wär' mein Lieb ein Rittersmann
Auf Erden und kein Elf in Grau
Mit aller Liebe einer Frau
Wär' ich nur diesem zugetan.

Am Tag vor Halloween geht Janet wieder in den Wald von Carterhaugh und fragt Tam Lin, ob er wirklich ein Elf sei oder ein verzauberter Mensch. Tam Lin erzählt ihr, dass er der Enkel des Grafen

von Roxbrugh sei. Die Königin der Feen habe ihn
gefangen genommen, als er bei der Jagd vom Pferd
gefallen und eingeschlafen war. Er befürchtete, dass
er als der Liebling der Königin nun von den Feen
dazu ausgesucht sei, dem Teufel geopfert zu werden:
Gar lieblich ist das Feenreich,
doch grausig zu gestehen:
Es will nach immer sieben Jahren
Die Hölle einen Blutzoll seh'n.
Ich bin ein junger, starker Held
Und fürchte, dazu ausgewählt.
Als Janet fragt, wie sie ihn von diesem grauenhaften
Schicksal erlösen könne, erzählt ihr Tam Lin:
Um Mitternacht die schönen Feen
Sie reiten stets zum Kreuzweg still.
Die ihren Liebsten retten will,
Muss dann an diesem Orte steh'n
Er erzählt Janet weiter, dass er um Mitternacht
auf einem weißen Pferd am Zug der Feen
teilnehmen wird, und bittet sie, ihn herunter zu
holen und festzuhalten – was auch passieren mag.
Erst wenn er zu einem Stück brennender Kohle
würde, solle sie ihn in den Brunnen werfen. Dann
sei er gerettet.

Um Mitternacht wartet Janet am Kreuzweg auf
den Zug der Feen:
Um Mitternacht im tiefen Wald
Hört sie das Zaumzeug klingen.
Am meisten freuet dies die Maid
Von allen ird'schen Dingen.
Den Schwarzen lässt sie weitertraben,
dem Braunen schenkt sie keinen Blick.
Des Schimmels Reiter will sie haben
Zieht ihn herab zu ihrem Glück.

Die Feen verwandeln Tam Lin in eine Eidechse, eine Natter, einen Bären, doch Janet drückt ihn an sich und lässt ihn nicht gehen. Schließlich wird er zu einem Stück glühender Kohle, das sie in den Brunnen wirft – und sofort den geliebten Mann nackt im Arm hält! Sie hüllt ihn in ihren grünen Umhang. Die Feenkönigin verflucht Janet dafür, ihr den hübschesten Ritter genommen zu haben.

Wo wohnen denn die Feen im Winter?

Wo wohnen denn die Feen im Winter?
Die Hügel ruhen unterm Schnee,
Moosbettchen und der Bach dahinter
Sind ganz vereist und brächten Weh.
Kein Weg und Steg nun weit und breit,
Die Wiesen sind gemäht und kalt,
Tautropfen stehen nicht bereit,
Bis wieder grünt der Wald.

In kleinen blauen Taucherglocken
Versinken sie dann wohl im See
Und finden Zuflucht – zwar nicht trocken –
In Muscheln unter Eis und Schnee.
Vielleicht auch halten sie Gelage
Mit feensüßem Rotwein bald
Erhellen so die langen Tage,
Bis wieder grünt der Wald.

Wenn sie im Frühling wiederkehren,
Musik und Sang erfüllt die Luft.
Feenflügel trocknen alle Zähren
Die Welt ist wieder voller Duft.

Jungfrauen, schließt die Tür nicht zu,
Feenburschen folgen keinem „Halt!"
Kein Schloss wird je euch bringen Ruh,
Wenn wieder grünt der Wald.

THOMAS HAYNES BAYLY

Feen sehen

Viele Menschen behaupteten schon, Feen gesehen zu haben, aber leider stellten sich die meisten Geschichten als Schwindel heraus. 1917 machten die Cousinen Elsie Wright and Frances Griffiths in Cottingley Glen in Yorkshire ihre berühmten Feenfotos, mit denen sie sogar den Schriftsteller Sir Arthur Conan Doyle überzeugten.

Zehn Jahre später gestanden die Damen zwar, dass sie nur Bilder von Feen ausgeschnitten und an Büschen befestigt hatten, um sie zu fotografieren, behaupteten aber weiterhin, sie wirklich gesehen zu haben. Auf diese Weise hätten sie nur ihre eigenen Erlebnisse nachstellen wollen.

Die meisten Beweise für die Existenz von Feen lieferte die 1625 in Cornwall geborene Anne Jeffries. Sie war von deren Existenz überzeugt. Schon als junges Mädchen suchte sie abends Farnblätter und Fingerhutblüten nach ihnen ab.

Als sie 1645 für eine Familie namens Pitt arbeitete, bekam sie in deren Garten einen Anfall und war lange krank. Als sie sich wieder erholte, erzählte sie, dass sechs kleine Feenmänner sie in ein Zauberland fortgetragen hätten, das voller goldener und silberner Tempel und herrlicher Gärten gewesen sei. Um ihren Kontakt mit den Feen zu beweisen, heilte sie Mrs. Pitt nur durch Handauflegen von einer langen Krankheit. Sie heilte danach noch viele Menschen und entwickelte die Fähigkeit, die Zukunft vorherzusagen.

Anne war zwar nur einmal im Land der Feen, behauptete aber, dass Feen sie weiter besuchten und ihr Nahrung brachten, denn man sah sie nur selten essen. 1647 warf man Anne ins Gefängnis, weil sie den Sieg der Königstreuen im damals tobenden Bürgerkrieg vorhersagte. Sie lehnte dort ein Jahr lang jede Nahrung ab und blieb dennoch gesund, weil sie wahrscheinlich von den Feen ernährt wurde. 1696 wurde ihre Geschichte von Matthew Pitt, dem Sohn ihres Dienstherren, veröffentlicht. Außerdem wird sie in vielen Briefen ihrer Zeit erwähnt.

Ich glaub' an Feen

Feen sind Wesen, zierlich und schön,
Wir konnten in unserer Kindheit sie sehn.
Doch heute ist dies zu lange schon her,
Wir sehen die Zauberwesen nicht mehr.
Unser Schlaf in den Augen beim Aufstehen
stammt aus den Töpfen der flatternden Feen.
Sie warten auf uns, auf unser „Ja!";
sag' „Ich glaub' an Feen!", denn sie sind da!
Denn jedes Mal, wenn du dies sagst,
darf eine weitere Fee noch leben.
Doch wenn du sprichst „Feen gibt es nicht!",
muss sie für immer ins Nichts entschweben.
Ich glaub' an Feen!

FELICIA D. BROWNE-HEMANS

Anleitung, um Feen zu sehen

Dieses Zauberritual stammt aus einer alten Schrift. Es beschreibt, wie man eine Salbe herstellt, mit deren Hilfe man Feen sieht.

- Sammle Blüten von Rosen und Ringelblumen und schau dabei nach Osten. Weiche die Blütenblätter getrennt voneinander eine Woche lang in Quellwasser ein und nimm sie dann wieder heraus.
- Gieße ein wenig von jeder Flüssigkeit in eine Kristallschale.
- Gib etwas naturbelassenes Olivenöl hinzu. Verquirle die Mischung, bis sie weiß ist. Gieße sie in eine Glasflasche.
- Gib Knospen von Stockrosen, Ringelblumen, Haselnussknospen und Blüten von wildem Thymian in die Mischung. Der Thymian sollte vom Hang eines Hügels stammen, „auf dem sich die Feen oft tummeln".
- Gib etwas Gras vom Feenthron hinzu und lass die Flasche drei Tage in der Sonne liegen, bis sich die Zutaten aufgelöst haben.
- Reib ein wenig von dieser Mischung auf jedes Augenlid und du wirst jede Fee sehen können, die da ist.

Manche Menschen mögen es so geschafft haben, Feen zu sehen. Andere behaupten, alle Feen hätten unter Oliver Cromwell (1649–58) Britannien verlassen, weil sie die Puritaner nicht ertragen konnten. Diese sehr freudlosen Christen hatten Weihnachten und andere Feiertage abgeschafft.

Zur Zeit von Cromwell erzählte man sich in Sussex, dass eine Gruppe von Feen zwei Brüder – einer war blind und der andere stumm – engagiert hätten, um sie aufs Meer zu fahren. Vielleicht sind sie mit diesem Schiff nach Amerika ausgewandert und nie wieder nach Britannien zurückgekehrt.